रब्त : मेरे दिल और दिमाग के बीच

BOND

आयुषी जैन

"ये महज़ एक पुस्तक नहीं ये मेरे भाव हैं

आप सभी के भावों को समर्पित करती हूँ "

"This is not just a book these are my
feelings;

I dedicate all my feelings to you

"

क्रम-सूची

प्रस्तावना

प्रस्तावना

"भावना सहित लिखूंगी ये प्रस्तावना"

"आपको भा जाएँ ये कवितायें यही है कामना"

"क्योंकि नहीं मेरे लिए आसान थी ये डगर
पर भरोसा कर के खुद पर, ज़ारी किया ये सफर"

"

आशा है कि शुरू किया जो ये सफर तो मंजिल भी
मिल जाएगी
मेरे हृदयप्रिय ये कविताएं आपके भी हृदय को छू
पाएंगी"

❦❦❦

"I will write this introduction with emotion
I wish you like these poems"

"Because this path was not easy for me
Relying on myself, I continued this journey"

"I hope that if this journey is started, then
the destination will also be reached.
Hope these poems which are close to my
heart will also touch your heart"

भूमिका

"इस पुस्तक का शीर्षक रब्त रखना कोई इत्तेफ़ाक़ नहीं है , बल्कि इसमें एक छोटा सा रहस्य है;"

"रब्त का मतलब होता है ; "रिश्ता";
"एक जुड़ाव"
जो आपका किसी के भी साथ हो सकता है;"

"मेरा रब्त तो मेरे अंदर बसने वाली उस शक्ति से
है
जो अदृश्य रहकर भी कभी मेरे मन की आवाज
बनकर,
कभी मेरे दिल के जज़्बात बनकर
या कभी मुझमें ही "मैं " बनकर मौजूद है"

"और इन ही आवाजों और भावों से प्रेरणा लेकर मैंने
ये कवितायें लिखीं इसलिए इस पुस्तक का शीर्षक भी
रब्त रख दिया। "

ᔕᔕᔕ

"The title of this book Rabt is not a
coincidence, but there is a little secret in it."

"Rabt means relationship, a connection
Which can happen to you with anyone;"

"My relationship is with that power that
resides within me,
which, despite being invisible,"

"Sometimes becomes the voice of my mind,
Sometimes as the feelings of my heart
Or sometimes exists as I in me."

"And taking inspiration from these voices
and feelings,
    I wrote these poems, that's why I kept
the title of this book Rabt."

पावती (स्वीकृति)

“शुक्रिया!
आज कल के इस दौर में जहाँ वक़्त की इतनी
कमीं है
फिर भी आपने आज निकाला ये कीमती समय ये
कविताएं पढ़ने के लिए
सच मानिये! आप सभी का यही प्यार मेरे लिए
प्रेरणा का स्त्रोत है
आशा है की आप भी जुड़ जायेंगे इन अलग अलग
भावों के पन्नों से”

पावती (स्वीकृति)

"Thanks!"

"In today's world where time is so short
Still you took out this precious time to read
these poems.
Believe it! This love from all of you is
the source of inspiration for me. Hope you
will also join with the pages of those
different expressions"

आमुख

आमुख

"यूं ही नहीं एक कवि कविताएं लिख देता है"

"पहले वो खुद में खोता है, बिखरे सपनों को फिर से
संजोता है
भावों को अपने हृदय में पिरोता है"

"तब जाके शब्दों को कागज पर लिखता है
यूं ही नहीं एक कवि कविताएं लिख देता है"

"This is not as easy for a poet to write
poems
First he gets lost in himself,
re-cherishes the shattered dreams,
Pours feelings into their heart,
then goes and writes the words on
paper,
This is not as easy for a poet to write
poems"

1. ज़रिया बन (Be a Source)

नहीं"

"मज़मा लगा के बस तस्वीरें मत चुन
कोई तुझ में भी समां सके ऐसा दरिया बन"

"ज़रिया तेरा बनके आया था कोई
अब तू भी किसी का ज़रिया बन"

कविता का भाव :

जब भी कभी ज़िन्दगी में हम आगे बढ़ते हैं , बहुत सारे लोग मिलते हैं , बिछड़ते हैं ,पर उन सभी का हमारे जीवन में बहुत बड़ा योगदान होता है।

इसलिए कभी भी किसी को आपकी ज़रूरत हो , हमेशा उसका साथ दो । अरे ! सफर है ये ज़िन्दगी का और इस सफर में कहीं न कहीं कभी न कभी किसी ने आपकी भी मदद की होगी आगे बढ़ने में,आपको भी किसी की आगे बढ़ने में मदद करनी चाहिए।

मदद कई तरह से हो सकतीं हैं, सुन लो कभी उनकी जिनसे कोई दो मीठे बोल नहीं बोलता ; कभी तो रहने दो ये ऊंच - नीच, भेदभाव, प्रतिस्पर्धा ; कभी तो रूहानी तौर पर महसूस करो किसी के दर्द को, किसी की तकलीफ को;

किसी को मदद की दरकार हो तो आप सिर्फ तमाशा मत देखिये या इस इंतज़ार में मत रहिये की कोई जब मदद मांगेगा तो ही हम आगे बढ़ेंगे

क्या पता आपकी वो मदद उसका जीवन बदल दे ; जैसे

आयुषी जैन

आपका भी बदला था कभी।

Someone's Source

(English Verse)

"Someone had come as your source;
Now you also become someone's source;"

"No cost, just listen to someone's heart;
which have everything to say
but no one to listen to them;
There is hope in the eyes

but there is no one to weave them;"

"Don't just pick pictures for fun;
You should become such a river
that someone can merge in you too;
Someone had come as your source;
Now you also become someone's source"

❧❧❧

<u>*Intention behind this Poem:*</u>

Whenever we move forward in life, many people meet, get separated, but all of them have a big contribution in our life.

So whenever someone needs you, always be there for them. This is the journey of life and in this journey, somewhere or the other time someone must have helped you to move forward; you should also help someone to move forward.

Help could be any kind such as; listen to those to whom no one talk who need to share there feelings;

at least for one day forget this discrimination, competition; At least sometimes feel someone's pain, someone's pain;

if someone needs help, don't just watch or don't keep waiting that we will move forward only when someone asks for help.

Who knows, that help of yours may change his/ her life like yours had changed once.

2. पक्की दीवारें
(Concrete Walls)

"उन पुरानें घरों की दीवारें, पक्की करवा गए वो..
कुछ दिनों वो यहीं पर थे, अब ना जाने कहाँ गए
वो.."

"बिजली, पानी, राशन कुछ भी कम नहीं पड़ता अब ;
दरवाज़ों पर बार बार दस्तकें नहीं होतीं अब ;"

"जो छोटी छोटी बातें भी हमसे पूंछा करते थे ;
अब एक दो बार हाल पूँछ लेंते हैं वो ।"

"कुछ दिनों वो यहीं पर थे, अब ना जाने कहाँ गए
वो ।"

"अब घर के काम नहीं तो बेरोज़गारी सी लगती है ;
चीज़ों की कमी नहीं फिर भी हर चीज़ अधूरी लगती
है ;"

"क्या कहें रोटी, कपड़ा और मकान ज़रूरी तो था
पर इनके चक्कर में ही जानें कितनें टुकड़ों में बँट
गंए वो;"

"उन पुरानें घरों की दीवारें, पक्की करवा गए वो।
कुछ दिनों वो यहीं पर थे, अब ना जाने कहाँ गए वो
।"

कविता का भाव :

दुनिया के सारे माता - पिता अपने बच्चों के उज्जवल भविष्य के लिए उन्हें खुद से दूर पढ़ने, नौकरी करने भेजते हैं ।

ताकि बच्चे अपने सारे सपनें पूरे कर सकें। वहीँ दूसरी ओर बच्चे ; जो खुद के जीवन को सवांरने में इतना मशगूल हैं ; कि घर ही नहीं जा पाते ; वही घर जहां उन्हें वो सुकून मिलता था जिस सुकून कि तलाश वो अब तक कर रहें हैं; पर हाँ ! घर की ज़रूरतों के लिए सब कुछ करते है ; पक्का घर, ज़रुरत के सारे आराम, माँ बाप की दवाइयां सब कुछ मुहैया करवाते है बिना किसी के मांगे ।

बस नहीं दे पाते है तो अपना समय।

मैं भी उनमें से ही एक हूँ जो जाने कितनी बार माँ पर गुस्सा हो जातीं हूँ सिर्फ इसलिए क्यूंकि वो मुझे फ़ोन लगाकर बस ये पूछ लेते हैं कि

बेटा ! तू ठीक है? खाना खा लिया ?

बस इतने में ही मैं गुस्सा हो जाती हूँ पलट कर ये तक नहीं कहती कि हां मैंने तो खा लिया आपने खाना खाया क्या ? बस आज इस भाव से ये कविता लिखी जो कि शायद मेरे उन कड़वे शब्दों पर मरहम ना सही तो एक हल्कि सी प्यारी फूँक का काम करें।

(English Verse)

"The walls of those old houses were fixed..
They were here for a few days,
now don't know where they had gone.."

"Electricity, water, Food nothing is lacking
now;

There are no more frequent knocks on the doors;
Who always used to ask us even the smallest things..
They just inquires once or twice Now;"

"it seems like unemployment if there is no housework;
There's no shortage of things,
but everything seems incomplete ;"

"What to say, bread, clothes and house were necessary;
But to get all these
they were divided into pieces;"

"They got the walls of those old houses fixed;
They were here for a few days,
now don't know where they had gone.."

Intention behind this Poem:

All the parents of the world send their children to higher studies or work; away from themselves for a bright future. So that they can fulfill all their dreams.

On the other hand, children who are busy in decorating their own lives are unable to go home; The same house where he used to get the peace that he is still searching for.

But yes do everything for the needs of the house; They provide a good house, all the necessary comforts, medicines for his parents without anyone asking for it.

What they are not able to give to there parents is their time;

I am also one of those people who don't know how many times; got angry with my mother just because she calls me and asks

Ayu ! are you ok? Had meal ?

Just in this I get angry, I do not even say that yes ! I have eaten, have you eaten the food?

Just today I wrote this poem with this feeling that maybe if not replace those bitter words of mine, then it may act as a light sweet blow of my love towards them.

3. मेरा सफ़र (My Journey)

"देर तक थी खड़ी मैं वहीं उस किनारे,
खोजती ही रही सोच के सहारे,"

"पूछती ही रही ख़ुद से ही मैं कौन हूँ.."

"ग़फलत में हूँ या होश में,
किस किस को दूँ ये दोष मैं,
ख्वाहिश कहूँ या इसे रोष मैं,"

"कब तक ये किरदार तू निभाएगा,
कैसे आधा आधा तू जी पायेगा,
कैसे ख़ुद को ख़ुद में ही दफ़नायेगा,"

"उलझा सा है किस्सा मेरा,
बिखरा सा है हिस्सा मेरा ,"

"ढूंढ लूँ मेरा वजूद क्या,
बेबाक हूँ क्यों ओढ़ लूँ मैं हया,"

"काफिर नहीं, न बागी कहो
न मज़हबी, न वैरागी कहो"

"आधे आधे सारे सच को भूलकर
कर दूँ शुरू अपने सच का ये सफ़र"

❧❧❧

<u>कविता का भाव :</u>
ख़ुद से मिलने के लिए कभी कभी आपको अपने ही अंदर
के सवालों का जवाब ढूँढना पड़ता है।

सोचना होता है कि आप आखिर हैं कौन?

वो ! जो लोग आपके बारे में सोचते है ; या वो ! जो आप अपने बारे में मान कर बैठे हैं।

पूरा सच कोई भी नहीं जानता सभी आधे अधूरे ज्ञान में ही उलझे हैं।

तो क्यों न एक नयी शुरुआत की जाए जो मुझे खुद से मिलवाये मैं जान सकूँ मैं कौन हूँ ?

क्या मेरा अस्तित्व और क्या मेरे होने की वजह है इस दुनिया में, ये जो दौड़ हम लगा रहे हैं इसका कोई अंत है या नहीं, अगर है तो वो सुख है या वो दुःख

या फिर ये सुख - दुःख जैसा कुछ होता ही नहीं? सवाल कई हैं बस दूसरों से पूछने कि बजाय खुद से ही पूछना बेहतर है ।

<u>(English Verse)</u>

"I stood there for a long time,
I kept searching with the help of thinking,"

"Kept asking myself who am I,
Am i confused or sane,"

"To whom should I blame,
Call it desire or fury,
How long will you play this role,"

"How can you live half and half,
How to bury yourself in yourself,"

"My story is complicated,
Part of me is scattered,"

"I am going to find my existence,
I am fearless, why should I wear shame,"

"don't say infidel, don't say rebel
say neither religious nor recluse"

"Forgetting half the truth
Let me start this journey of my truth"

<u>Intention behind this Poem:</u>
To meet yourself, sometimes you have to find answers to your own questions.
Have to think who are you after all?
What people think about you or what you have assumed about yourself.

No one knows the complete truth, everyone is entangled in half-incomplete knowledge.

So why not make a fresh start that introduces me to myself so that I can know who I am?

what is my existence and what is the reason for my being in this world?

This race we are running has no end , if there is any end then it results happiness or sadness

Or is there no such thing as happiness and sorrow at all?

There are many questions, it is better to ask yourself than to ask others

4. चल फिर से कर शुरुआत (let's start again)

चल फिर से कर शुरुआत

"वक़्त से सीखी है मैंने एक ही बात
न रुकना है, न थकना है
न बैठो रखके हाथ पे हाथ
चल फिर से कर शुरुआत"

"शब्दों को बुनके धुन कोई सजा दे
लम्हों को चुनके नए गीत गा ले
ये तेरी कहानी है, लिख दे नए किस्से को
क्यूंकि तुझमें है वो बात
चल फिर से कर शुरुआत"

"न रुकोगे अब न थकोगे अब ज़िद से कर लो यारी
खुद में ही खुदा खोज के दिखा अब तू इस बारी
दे दे अपनी ही कमियों को शह और मात
चल फिर से कर शुरुआत"

"सपनों की चादर को तू फिर ओढ़ ले
ज़िन्दगी की गाड़ी को एक नया मोड़ दे
रम जा अपनी धुनकी में
फ़िक्र न कर सवालों की
तू नहीं वक़्त देगा सारे जवाब
चल फिर से कर शुरुआत"

"ख्वाब तेरे ज़ज्बात तेरे है तेरी ज़िम्मेदारी
सोचने में ये वक़्त न गवां इस बारी
चल फिर से कर शुरुआत"

❧❧❧

_कविता का भाव :_

अक्सर जब भी हमारे साथ कुछ बुरा होता है हम उसका दोष किसी और पर डाल देते हैं । पर हम ये भूल जाते हैं कि जो हमारे सपनें हैं , हमारे जज़्बात हैं सब हमारी ज़िम्मेदारी है; तो क्यों न वक़्त से दोस्ती कर लें , उससे कुछ सींखे जो बीत गयी सो बात गयी और आगे बढ़ें ना कि रुक जाए थम जाएँ और हार जाएँ।

क्यूंकि हम सब पर ही निर्भर करता है कि हमें अपनी कहानी में नायक बनना है या खलनायक।

❧❧❧

let's start again

(English Verse)

"I've learned one thing over time don't stop,
don't get tired don't sit hand in hand,"

"let's start again"

"Let Decorate the tune by weaving the
words,
Sing new songs by choosing moments"

"This is your story, write new stories
because you have that courage
let's start again"

"You won't stop now, you won't get tired,"

"Now start searching God in yourself,
Now it is your turn to show them and beat
to your own shortcomings
let's start again"

"You put on the sheet of dreams again
give a new turn to your life
Don't worry about the questions you will not
give all the answers

let's start again"

"Your dreams are yours, your feelings are
your responsibility
Don't waste this time thinking this turn
let's start again"

Intention behind this Poem:

Often whenever something bad happens to us, we put the blame on someone else. But we forget that our dreams, our feelings are our responsibility.

So why not you make friendship with time, learn something from it, whatever has passed; is gone and move forward; don't stop, stop get defeated. Because it depends on all of us whether we want to be a hero or a villain in our story.

5. अल्फ़ाज़ों की आवाज (Voice of Words)

मैं अल्फाज़ो की आवाज़ हूँ

"जो मैं सहती हूँ कहती किसी से भी नहीं
वो यादें वो बातें जो कैद दिल में कहीं"

"उनको मैं कागज कलम से सजाती हूँ
पूछे जो कोई मैं कौन हूँ ,"

"बस इतना ही बताती हूँ"

"दिल का सुनाती साज हूँ,
मैं अल्फाज़ो की आवाज़ हूँ"

"कोई कहे क्या तेरा दिल टूटा है ,
कोई माने सच्चा कोई झूठा है
सबको बताती एक ही बात हूँ,
लिखती मैं बस जज़्बात हूँ"

"अलग अलग सबके चेहरे हैं, सबके अपने किरदार हैं
कहने के सबके तरीके हैं , दिल से जुड़े सबके तार
हैं"

"सात सुरों की मेरी दुनिया है, एहसासों की बहती
नदियाँ हैं"

"ऐसी ही मैं कल थी ऐसी ही आज हूँ
मैं अल्फाज़ो की आवाज़ हूँ"

_कविता का भाव :_

मैं अपने आप को बहुत ही खुशनसीब महसूस करती हूँ कि मैं अपने दिल कि बातें शब्दों में बुनकर लोगो तक पहुंचा सकती हूँ अपनी कविताओं के ज़रिये।

पर मुझे सामना करना पड़ता है कुछ ऐसी बातों का जो एक कलाकार के लिए सही नहीं होगा। मैं जब भी कोई कविता लिखती हूँ ;मैं कोई ओर या छोर नहीं तलाशती बल्कि जो भी महसूस करती हूँ लिख देती हूँ ;

चाहें वो गमगीन बातें हों या कोई खुशमिज़ाज़, चाहें वो श्रृंगार रस में लिखा हो या रौद्र रस में। ये भाव हैं ,अब अगर मेरी कविताओं और मेरे लिखने के ढंग से आप मेरे हालातों के बारे में कयास लगाएंगे वो सही नहीं होगा।

मेरी कविताएं सार है मेरी सोच का जो मैं अपने आस पास देखती हूँ जो महसूस करती हूँ।

पर मैं शुक्रिया करती हूँ उन सबका जो सच में मुझे प्यार करते है और मेरी कला को सम्मान देते है।

अच्छा है मैं अल्फाज़ों को बयान कर पाती हूँ वरना और मुश्किल हो जाता खुद को समझा पाना।

(English verse)

"I don't tell anyone, what I suffer
Those memories, those things that are said
in the imprisoned heart
I decorate them with pen and paper,"

"Whoever asks who I am,
that's all I tell
I recite the music of the heart,
I am the voice of words"

"Some say that your heart is broken,

Some agree that it is true, some thought
this is not true.
I tell everyone the same thing, I am just an
emotion"

"Everyone has different faces, everyone has
their own characters ,
Everyone has ways of saying, everyone has
strings attached to the heart."

"My world is of seven tunes, there are
rivers of my feelings flowing"

"This is how I was yesterday, this is how I
am today
I am the voice of words"

Intention behind this Poem:

I feel very lucky that I can weave the words of my heart and reach people through my poems.

But I have to face some negative things which would not be right for an artist.

Whenever I write a poem, I do not look for any direction or fake end, rather I write whatever I feel, whether it is sad things or something happy or written in any emotion either Romantic or Anger.

These are the expressions, now if you will speculate about my circumstances from my poems and writing style, it will not be correct.

My poems are the essence of my thoughts, what I see around me, what I feel.

But I thank to all those who truly love me and respect my art. It is good that I can describe the words, otherwise it would have become more difficult to explain myself.

6. बातें किताबों की
(Things from Books)

"जिस वक़्त की देते तुम दुहाई हो ,
वो वक़्त कुछ और था, अब कुछ और है"

"कैसी है ये बेखयाली, क्यों हो गए तुम सवाली
ऊपर से दिखते जैसे भी पर, मन में तुम्हारे भी शोर
है"

"बातें किताबों की रह गयीं किताबों में
दिल की हक़ीक़त कुछ और है"

"अनजानी राहों में, अनचाही बातों में
ओझल से हो तुम कहीं"

"खुद से हो ना राज़ी
औरों को दिखते हो नाराज़गी"

"तेरा कसूर नहीं है तुझको पता ही नहीं है
मंजिल तुम्हारी है और कहीं उलझी हुई तेरी डोर है"

"बातें किताबों की रह गयीं किताबों में
दिल की हक़ीक़त कुछ और है"

❧ ❧ ❧ ❧

<u>कविता का भाव</u> :
जो भी हम किताबों से सीखते है और जो भी सच में हमारे
साथ जीवन में घटित होता है उसमें फर्क होता है।

क्यूंकि जो किताब में लिखा है वो किसी और के अनुभवों पर आधारित है और जो हमारे साथ हो रहा है वो हमारा अनुभव है।

इसीलिए हम अपने दिल की बातों को नज़रअंदाज़ करके खुद को उन ही किताबी बातों में ढालने की कोशिश में लगे रहते है और खो जाते है किसी भीड़ में ;

अक्सर हम अपनी नाकामियों का गुस्सा दूसरों पर निकालने लगते हैं।

इसमें दोष पूरी तरह हमारा नहीं हैं क्यूंकि हम नहीं जान पा रहे की हम कर क्या रहे हैं अपनी जिंदगी के साथ ;

आखिर किस पर यकीन करें? अपने खुद के अनुभवों पर या उन किताबी बातों पर ?

(English Verse)

"Talks of books remained in books,
The reality of the heart is something else,"

"The time of which you are talking about,
It was different then, it's different now"

"Why is this carelessness,

why have you become questionable,"

"No matter how you look,

you also have noise in your mind."

"In unknown ways, in unwanted things ,

you are out of nowhere"

"You are angry with yourself but showing

anger to others

it's not your fault,you don't even know,"

"The destination is yours is somewhere

else

and your thread is tangled somewhere"

"Talks of books remained in books,

The reality of the heart is something else,

"

❧❧❧

Intention behind this Poem:

There is a difference between what we learn from books and what actually happens to us in life.

Because what is written in the book is based on someone else's experiences and what is happening with us is our experience.

That's why we ignore the things of our heart and keep trying to mold ourselves in those bookish things and get lost in a crowd;

Often we start taking out the anger of our failures on others.

It is not entirely our fault because we are not able to know what we are doing with our life; After all, on whom to believe ; on your own experiences or on those books.

7. ज़न्नत (Paradise)

"

बाहिरी बाहिरी खूबसूरती
देखकर जिसे तुमने ज़न्नत दिया बता"

"इक मुल्क है दो तसवीरें हैं, सियासतों में तक़दीरें
हैं"

"पिसते इसमें मासूम हैं, बिखरा हुआ है उनका जहां
खुशकिस्मत है परिंदे वहां, उड़ाने भरके छू लेते
आसमान"

"बाहिरी बाहिरी खूबसूरती
देखकर जिसे तुमने ज़न्नत दिया बता"

"हालात हैं जैसे भी पर कोशिशें उनकी भी पूरी हैं
मुक़म्मल हो उनकी सभी ख्वाहिशें जो भी अधूरी हैं
"

"ऐ खुदा बस है ये ही दुआ ज़न्नत को दे ज़न्नत
बना"

❧❧❧❧

कविता का भाव :
इस कविता को लिखने से पहले तक मेरे लिए जन्नत का
मतलब था एक ऐसी जगह ; जहाँ ना कोई गम ना कोई
तकलीफ न कोई दंगे, न कोई छल - कपट वहां होगा सिर्फ

प्यार और ख़ुशहाली।

पर मेरा ये भरम टूट गया जब मैंने जन्नत कही जाने वाली एक जगह के बारे में क़रीब से जाना। तो पता लगा कि ज़न्नत तो बस नाम हैं वास्तव में वहां डर, दुःख और आपस में द्वेष का माहौल हैं। फिर मैंने पूंछा कि क्यों उसको ज़न्नत कह दिया लोगों ने ? सिर्फ उसकी बाहरी सुंदरता देखकर जो कि कुदरत का तोहफा हैं जिस जगह को हमें अंदर से भी ज़न्नत बनाना था वहां के लोगो में भर दिया गया खौफ, मासूमों के कुचले गए सपने वो भी चंद सियासती गिद्धों के द्वारा;

अरे ! शर्म करो और जरा देखो उन मासूमों को जो आज भी आगे बढ़ने के लिए कितनी मेहनत कर रहे हैं ;

जहाँ बाकी जगहों पर तकनीकी ने पैर जमा लिए वहीं उस ज़न्नत में मासूम शिक्षा पाने के लिए जानें कितनें मील पैदल चले जाते हैं।

आज बाकी जगह जहाँ युवा इंजीनियर, डॉक्टर, और टीचर आदि बन रहे हैं ; पर उस ज़न्नत में उन्हें भटकाया जा रहा हैं मज़बूर किया जा रहा हैं कुछ और बनने के लिए जो वो कभी भी नहीं बनना चाहते।

तो गर ऐसी ज़न्नत हैं तो नहीं चाहिए मुझे ज़न्नत; थोड़ा शर्म करो सियासती लुटेरों उनको ज़िन्दगी जीने दो गर सच में कुछ करना चाहते हो तो उन्हें भी आगे बढ़ने में मदद करो।

दुआ हैं यही कि सच में ,सही मायनों में ज़न्नत जैसी ही , वैसी ही ये ज़न्नत बन जाए, जहाँ सुकून , चैन और खुशहाली आये।

ताज्जुब है ! कि अब तक मैंने जो भी लिखा आप सब बिना कहे समझ गए कि हम किस बारे में बात कर रहे हैं।

(English Verse)

"

Seeing outer beauty you tell us that place
a Paradise,"

"

If there really were such paradises, then
God would not want a paradise."

"How is this paradise where even today
there is no happiness,"

"There are dreams in the eyes but fear
suppresses ,"

"Seeing outer beauty you tell us that place
a Paradise,"

"There is one country, there are two
pictures,
There are destinies in politics"

"

They are innocent in this, their place is
scattered
The birds are lucky to be there, they fly
and touch the sky"

"

Seeing outer beauty you tell us that place
a Paradise,"

"Whatever the circumstances are, but their
efforts are also commendable,"

"May all their wishes come true
Oh God, just make this Paradise a
Paradise"

Intention behind this Poem:

Before writing this poem, the real meaning of
Paradise for me ; a place where there would
be no sorrow, no trouble, no riots, no deceit,
no hypocrisy, there would be only love and
happiness.

But my illusion was shattered when I came to
know about a place called Paradise. but there is
an atmosphere of fear, sorrow and hatred among
each other.

Then I asked why people called it a paradise?
Seeing only its external beauty, which is a gift
of nature, the people of th place were filled with
fear, the dreams of the innocent were crushed

and that too by few political vultures;
Hey ! shame on you and just look at those innocent people who are working hard to move forward even today; where technology reached everywhere, those innocent people walk many miles to get education in that paradise.
Today, youth are becoming engineers, doctors, and teachers etc. in other places; but they are being misled in that paradise. Being forced to be anything else they ever wanted to be.
So if there is such a paradise, then I do not want a paradise; Have some shame political robbers, let them live their life, if you really want to do something, then help them to move forward.
I pray that this paradise becomes like a paradise where there is peace and prosperity.
It is surprising that whatever I have written till now you all understood without saying what we are talking about.

8. बन गया वैरागी
(Became a Recluse)

"सोचता था दुनिया मुट्ठी में है उसकी
खोल के वो गया मुट्ठी मगर"

"तिनका तिनका करके जो जो संजोया था
मिटटी में रह गया उसका वो घर"

"मेरा मेरा करके उम्रें गुज़ार दी
क्या रहा मेरा फिर सोचे अगर"

"देखो न वो रागी, बन गया वैरागी"

"उड़ गया उड़ गया वो परिंदा
तोड़ कर मोह का पिंजरा"

"पिंजरा तोड़ गया वो सब कुछ छोड़ गया वो
पीछे रह गया उसका पता"

"तेरा मेरा भी यही फँसाना है
एक न एक दिन तो सबको उड़ जाना है"

"देखो ! न वो रागी, बन गया वैरागी"

"सोचता था दुनिया मुट्ठी में है उसकी
खोल के वो गया मुट्ठी मगर"

<u>कविता का भाव :</u>

जिस समय इस कविता का सृजन हुआ उस समय बस एक ही बात हृदय में चल रही थी।

कि जीवन और मृत्यु के बीच सिर्फ एक सांस भर की दूरी है और फिर भी हम कलेश, छल, कपट, द्वेष भावना, जलन और स्वार्थ से लिप्त रहते हैं।

जब पूरा जीवन हम भटके रहते हैं तो कैसे अंत समय में ईश्वर को याद करने से हम ये मान सकते हैं कि अब हमारा अगला जीवन सुख से भरा होगा।

न मेरी, न की सिर्फ आपकी बल्कि इस संसार के हर जीव की यही कहानी हैं इसमें हमारा ही दोष हैं। साथ तो सिकंदर भी कुछ नहीं ले जा पाया जो हमेशा से दुनिया जीतना चाहता था जब कि अंत में वो गया सब कुछ यहीं छोड़ कर हाथ फैलाये।

तो अब भी समय हैं शायद आयुषी को कुछ समझ आ जाए।

(English Verse)

"Look, who thought he had the world in his hands;"

"but at the end when he gone his fist opened

has become a recluse"

"bit by bit everything that was saved His house remained in the soil"

"

Spent ages doing this is mine, that is mine
what's left for him then"

"*has become a recluse*"

"*flew away that bird called as Soul*
breaking the cage of temptation"

"

he broke the cage ;
he left everything"

"

his address left behind;"

"*You and I have the same trap*
one day everyone has to fly away"

Intention behind this Poem:

At the time when this poem was created, only one thing was going in the heart.
That life and death are only a breath away and yet we indulge in strife, deceit, hypocrisy, malice, jealousy and selfishness.

When we keep wandering the whole life, then how can we believe that our next life will be full of happiness by remembering God in the last moments.

Not mine, not only yours but this is the story of every living being in this world.

It is our fault in this. Even Alexander could not take anything with him, who always wanted to conquer the world, but in the end he left everything here.

So there is still time, maybe Ayushi will understand something.

9. यादों का शहर (City of Memories)

यूँ तो कई गांव और शहर हैं
पर सबसे प्यारा यादों का शहर है
मेरा यादों का शहर"

"जहां लम्हों का पुराना एक घर है,
मेरे लम्हों का घर"

"जहाँ कुछ गलत न सही

ज़िन्दगी में ज़िन्दगी कुछ कम लगी
बीते पलों की कहानी यूं ही रही"

"झूठी सच्ची बातों में कच्चे से इरादों में ,सपने नए
थे बुन गए
सपनों के पीछे हम ऐसे भागे थे, पीछे खुद ही रह
गए"

"पर मेरे यादों के शहर में आज भी सब है वहीं
ज़िन्दगी में ज़िन्दगी कुछ कम लगी
बीते पलों की कहानी यूं ही रही"

"चाय वाली वो चुस्कियां, बारिशों की वो कश्तियाँ
फुर्सतों की वो राहतें, पल दो पल की वो चाहतें"

"

सच में इस शहर से अच्छा मेरा यादों का शहर है
यादों का शहर

जहां लम्हों का पुराना एक घर है, मेरे लम्हों का घर
"

❧❧❧

कविता का भाव :

यादें हमारी ज़िन्दगी का एक अहम हिस्सा है। ये यादें ही हैं ; जो हमारा साथ कभी नहीं छोड़ती , यादें हमारे उन लम्हों की; जब हम खुलके खुश थे। यादें हमारे दोस्तों के साथ बिताये पलों की। यादें ऐसी हैं जहाँ कुछ गलत सही नहीं होता, कोई नहीं आता आपको रोकने ; आप जब चाहे उन प्यारी यादों के ज़रिये महसूस कर सकते हैं वो प्यारे पल।

पर हाँ एक पहलु इस बात का ये भी हैं कुछ कड़वी यादें भी होती हैं उन्हें हमें समेट कर नहीं रखना चाहिए उन्हें वक़्त के समंदर में बहा कर सिर्फ उन यादों को अपने साथ रखना चाहिए जो हमे सुकून दें तकलीफ नहीं।

तो शहर आपका फैसला आपका की आपको कौन सी यादें यहाँ बसानी हैं और कौन सी नहीं।

❧❧❧

(English Verse)

"*Life seems to be less; in life the story of
the past remained same*"

"*There are many villages and towns
but the most beautiful city is the city of
memories*

my city of memories"

"

where there is an old house of moments,
the house of my moments
where nothing is wrong or Right"

"Life seems to be less; in life the story of
the past remained same"

"In wrong and right words, the raw
intentions, new dreams were woven
We ran after dreams like this, only
ourselves were left behind"

"But everything is still remain there in the
city of my memories
City of my memories"

"Those sips of tea, those boats of rain
Those reliefs of leisure, those desires of
every moment"

"

Really the city of my memories is better
than this city
city of memories

where there is an old house of moments,

the house of my moments"

Intention behind this Poem:

Memories are an important part of our life. Only memories that never leave us, the memories of those moments when we were very happy. Memories of spent times with our friends. Memories are such where nothing wrong is right, no one comes to stop you, whenever you want, you can feel those lovely moments through those lovely memories.

But yes, there is one aspect of this thing too, there are some bitter memories too, they should not be kept with us we should leave them by shedding them in the sea of time.

we should keep only those memories; which give us peace and not trouble.

So the city is yours and decision is yours; you should decide that which memories you want to keep here and which ones you don't.

10. फिर से तुमको (To you Again)

"फिर से तुमको चाहने को दिल चाहता है
पास बैठो फिर से मेरे दिल सोचता है"

"सूरतों के इस जहां में सीरतें न देखता कोई
दिल की बातें आँखों से समझे ऐसा तो है इक तू ही"

"आँखों से सब कुछ बताने को दिल चाहता है
मन के पन्नों पे फिर तेरा नाम दिल लिखता है"

"फिर से तुमको चाहने को दिल चाहता है
पास बैठो फिर से मेरे दिल सोचता है"

"कहने को बीते दिनों के, किस्से है कुछ पुराने
साथ में फिर से बिताने लम्हे हैं , कुछ सुहाने"

"पहले जैसे मुस्कुराने को दिल चाहता है
आहटों को फिर तुम्हारी दिल खोजता है"

"फिर से तुमको चाहने को दिल चाहता है
पास बैठो फिर से मेरे दिल सोचता है"

❧❧❧

<u>कविता का भाव :</u>
जाने कैसा ये निजामें जहां हैं यहाँ सीरत को छोड़ लोग सूरतों पर फ़िदा हैं।
तो अगर हैं कोई ऐसा जो आपकी सीरत को देखे जो दिल की बातों को आँखों से समझे उसे कभी न जाने दे हमेशा उसे संभाल कर रखें।
हम रिश्तों को कभी कभी यूँ ही जाने देते हैं छोटी छोटी

बातों की वजह से;
अरे रोक लो क्यूंकि कितनी बड़ी जिंदगी हैं ? जी लो प्यार से उनके साथ जो आपको प्यार करते हैं।

ऐसे लोग जिनके साथ बैठ कर पुराने किस्से कहानियां हों, जिनके साथ जीने के लिए पुराने लम्हे हों , वो लोग आपके किसी भी कीमती सामान से ज्यादा महत्व रखते हैं। तो सोच लो आपको क्या चुनना हैं
कहीं बाद में अफ़सोस न हो काश ! फिर से वो वक़्त जी पाते।

(English Verse)

"Heart wants to love you again,
my heart thinks you sit beside again,"

"No one sees the inner beauty in this world
of faces,
You are the only one who understands the
words of the heart through my eyes."

"Heart wants to tell everything through eyes
The heart writes your name again on the
pages of the mind"

"Heart wants to love you again,
my heart thinks you sit beside again,"

"There are so many stories to tell you
There are so many moments to spend
together again,"

"Heart wants to smile like before
my heart searches for your sounds again"

"Heart wants to love you again,

my heart thinks you sit beside again,"

<u>*Intention behind this Poem:*</u>
Don't know who make these rules in society; where people are fond of faces instead of tinner Beauty or good Character.
So if there is someone who just looks at your face, understands the feelings of your heart with eyes,
never let them go, always keep them safe.
Sometimes we let go of relationships just because of small things.
please stop it because life is not so big, live it lovingly with those who love you.
People with whom there are old stories and stories to share with, old moments to live with.
those people are more important than any of your valuable thing.
So think what you want to choose, lest you regret later that I wish I could live that time again.

11. माँ से सवाल (Questions to My Mother)

था ?
माँ तुम भी तो बच्ची होगी
खिलौनो की ज़िद और बात बात पर रूठा करती
होगी?"

"जब से तुम्हारे नाम में पापा का नाम जुड़ गया
तुम्हारे जीवन का पहिया ये किस दिशा में मुड़ गया
?"

"पल में त्याग दिए थे तुमने अपने सारे सपने वो
कैसे छोड़ आयी थी माँ तुम वो अपना घर और
अपनों को ?"

"सारे सपनो में शामिल तुम्हारा वो घर,
माँ का आँचल जो ठिकाना था
बचपन से जिस घर को तुमने अपना माना था
क्या मालूम था छोड़ उसी को जाना था ?"

"क्या तब भी सबका वही पुराना ताना था ?
लड़कियां पराया धन होतीं है क्या सबका यही
समझाना था ?"

"कितना भी कोशिश कर लूँ माँ , पर तुम जैसी कभी
नहीं बन पाऊँगी
देखो ! माँ तुम जितनी मजबूत नहीं जो सब कुछ
छोड़ चली जाऊँगी

जिस घर में हूँ पली बड़ी मैं भूल उसे किसी एक घर
की ना हो पाऊँगी"

"नारी हूँ नारी की इक नयी परिभाषा लिखना चाहूंगी
अस्तित्व अपना ना खोकर फ़र्ज़ सभी मैं निभाऊंगी"

"चाहे बन जाऊं किसी की पत्नी, बहु या माँ
पर बेटी हमेशा तुम्हारी ही कहलाऊंगी"

"सपने मेरे वही रहेंगे हमेशा ऐसे ही उड़ती जाऊँगी
इक दिन माँ तुमको भी सपनो की सैर करवाऊंगी"

कविता का भाव :
इक दिन यूँ ही बैठकर विचार कर रही थी कि हर साल नारी
दिवस आता हैं और हम सभी नारियों को सम्मान देते हैं।
वास्तव में नारी का सही अर्थ क्या है ?
क्यूंकि मैं भी एक नारी हूँ पर मेरे इन सवालों को मैंने अपने
जीवन की सबसे महत्वपूर्ण नारी से पूछा जो हैं मेरी माँ।
जिन्होंने हम सब के लिए अपने सपने, अपनी खुशियां सब
न्योछावर कीं।
उनका भी तो बचपन होगा, उन्होंने भी तो अपने कुछ सपने
देखे होंगे, फिर कैसे अचानक उनके सारे जज्बात बदल गए
? कैसे उन्होंने सबको ऊपर रखा और खुद को सबके बाद ?
क्या मैं ऐसा कर पाऊँगी क्या मुझे भी ऐसा ही करना होगा
तभी सच्ची नारी कहलाऊंगी ?

इसका जवाब ये हैं कि माँ जैसी मैं सौ जन्मों में भी ना बन पाऊँ पर उनका सर कभी नहीं झुकने दूँगी कभी भी अपने कर्तव्यों से पीछे नहीं हटूंगी। लेकिन इन सब में मैं खुद को और अपने सपनों को पीछे नहीं छोड़ूंगी।

हर रिश्ता निभाऊंगी जैसे पत्नी, बहु, माँ पर सबसे पहले अपनी माँ कि बेटी होने का फ़र्ज़ निभाऊंगी।

(English Verse)

"Neither did you have time mother, nor did
I ever ask this;"

"How was your journey from childhood to
becoming a woman?"

"Mom you will also be a child ;
Are you also Cried for Small things and
ask for the new dresses and toys?"

"Ever since my father's name was added to
your last name;
In which direction did the wheel of your life
turn?"

"You gave up all your dreams in a
moment;"

"Is it that easy to leave your home and
your loved ones?
That house which included in all your
dreams since childhood,"

"your mother's lap
Did you know that you had to leave?"

"

Was everyone still having the same old
taunt then?
Girls are someone else's wealth, is this

what everyone wanted to explain?"

"No matter how hard I try, I will never be
able to be like you;
Look mom, I am not as strong as you; who
will leave everything and go away
I grew up in this house; I will not be able
to forget it for anyone."

"I am a woman, I would like to write a
new definition of woman"

"I will fulfill all my duties without losing my
existence
Whether I become someone's wife,
daughter-in-law or mother
But daughter will always be yours"

"My dreams will remain the same, I will
always fly like this
One day mother will take you on a journey
of my dreams"

Intention behind this Poem:

One day I was sitting here thinking that every year Women's Day comes and we give respect to all women. What is the real meaning of woman?

Because I am also a woman but I need to ask these questions to the most important woman in my life who is my mother. Who sacrificed her dreams, her happiness for all of us.

She too must have had a childhood, she too must have had some dreams of her own, then how suddenly all her feelings changed, how she put everyone above and herself after everyone.

Will I be able to do this, will I have to do the same, only then I will be called a true woman.

The answer to this is that I may not be able to become like my mother even in hundred births, but I will never let her head bow down.

I will never step back from my duties. But in all this I will not leave myself and my dreams behind.

I will live every relationship like wife, daughter-in-law, mother ;

but first of all I will fulfill the duty of being my mother's daughter.

12. अरसों पुरानी (Ages Old)

"अरसों पुरानी वो ही कहानी , फिर से सुनोगे क्या कभी

रद्दी हुए जो बिखरे खतों से फुर्सत चुरा लो यूँ ही"

"धुंधली धुंधली तस्वीरों में ढूंढोगे चेहरे तुम क्या
पाने को जाने क्या पाया है तूने खुद ही खुद को खो
दिया"

"मिट्टी के नीचे कहीं पर दबे हैं बचपन के खजाने
सभी
चाहे कभी तो फिर से मिलेंगे गांव के मेलों में कहीं"

"ठंडी ठंडी छाँव में बैठे खाओगे नमक से रोटियां
ऊँची ऊँची छलांगे लगा के ढूंढोगे परछाइयाँ"

"नंगे पाँव चल के कभी तो पहुँचेंगे साथ कहीं
ठंडी पुरवाही में ही बहेंगे किस्से पुराने वो सभी"

"अरसों पुरानी वो ही कहानी , फिर से सुनोगे क्या
कभी
रद्दी हुए जो बिखरे खतों से फुर्सत चुरा लो यूँ ही
"

❧❧❧

कविता का भाव :
भागदौड़ भरी इस ज़िन्दगी में कब ना जाने हम इतना आगे
आ गए, कि खुद को ही छोड़ आये हम कहीं पीछे उन गाँव
कि गलियों में ।
इसी ख्याल के साथ ये कविता लिखने का मन हुआ शब्द
कब एहसासों से जुड़ते चले गए पता ही नहीं चला। अगर

वक़्त मौका दे तो ; क्या फिर से अरसों पुरानी वो कहानी दोहराने जाओगे ? वो बंद बक्सों में रखी पुरानी तस्वीरें फिर से खोज के लाओगे ?

और ढूंढोगे क्या उसमें वही पुराने खुद को ?

अगर फुर्सत मिलेगी तो बचपन में से कीमती उन खिलौनों को मिट्टी में से उठा के लाओगे वही खिलौने जिनके लिए तुम सबसे लड़ जाते थे अगर वो खिलौने ना हों तो खाना भी नहीं खाते थे।

क्या फिर से उन गावों के मेलों में कुल्फी खाने जाओगे। अगर फुर्सत मिली तो क्या फिर से नमक घी से रोटी खाओगे।

क्या फिर से नंगे पाँव ठंडी हवा में नीले आसमान के नीचे खुद की ही परछाई पकड़ने के लिए दौड़ लगाओगे ?

देखो ! समय हैं गुजर गया तो वापस नहीं आएगा , तो अब भी कुछ नहीं बिगड़ा जितना बचा हैं उसे ही सहेज लो, ढूंढ लो, जी लो इससे पहले वो भी ओझल हो जाये। जाओ ! आयुषी खोज लो, और समेट लो।

(English Verse)

*"Same old story, will you ever hear it
again?
just steal the time from the scattered letters
of your past memories.."*

आयुषी जैन

"Will you find faces in blurry pictures?
Don't know what you have got to get, you
have lost yourself
"

"All the childhood treasures are buried
somewhere under the soil ;
Will meet again sometime in the village
fairs
"

"You will eat rotis with salt while sitting in
the cool shade of a tree;
You will find your own shadows by jumping
high
"

"Someday we will reach somewhere by
walking barefoot;
All those old stories will flow in the wind of
life"

"Same old story, will you ever hear it
again?
just steal the time from the scattered letters
of your past memories."

❦❦❦

Intention behind this Poem:

Don't know when in this running life, we have come so much far that we have left ourselves behind in the streets of those villages.

With this thought, I felt like writing this poem, I didn't know when the words started getting connected with the feelings.

If time gives a chance; Will you go to repeat that old story again? Will you find the old pictures kept in the boxes and will find the same old self in them?

If you get free time, then you will bring those precious toys from the soil of childhood;

the same toys for which you used to fight with everyone, if those toys were not there, then you would not even eat food.

Will you again go to those village fairs to eat Kulfi?

If you get time, will you eat bread with salt and ghee again? Will you run barefoot again in the cold wind to catch your own shadow under the blue sky.

Look, time has passed, it will not come back, so nothing has gone wrong even now, save what is left, find it, live it before that too disappears. Go find Ayushi, and collect it.

To Be Continued

"ये बस एक शुरुआत है ...
अब यूँ ही अपनी भावनाएं लिखती रहूंगी और
आप तक पहुँचती रहूंगी"

"To be Continued.....
Now I will keep writing my feelings like
this and will keep reaching to you through
my words"

www.ingramcontent.com/pod-product-compliance
Lightning Source LLC
Chambersburg PA
CBHW040854110726
48005CB00001B/57